AF340301

I 40
2719 b

1.b. N° 2719

ADRESSE

DE LA SOCIÉTÉ

DES AMIS DE LA CONSTITUTION

DE GUINGAMP,

Aux Habitans et Cultivateurs des Campagnes.

———————

A RENNES,

Chez R. VATAR, fils, imprimeur de la corres-
pondance de Rennes à l'assemblée nationale, *rue
de l'Hermine*, N°. 791, *au premier étage.*

═══════════════

M. DCC. XCI.

ADRESSE de la Société des Amis de la Constitution de Guingamp, aux Habitans & Cultivateurs des Campagnes.

Freres et Amis,

Vous exercez le premier , le plus noble et le plus utile des arts , celui de cultiver la terre. Dans le commencement du monde on lui consacra des autels ; aujourd'hui même encore les Chinois, ce peuple antique , si recomdable par ses vertus et la sagesse de ses loix , éléve des arcs de triomphe aux cultivateurs laborieux et intelligens ; leur Empereur , pour honorer cette profession , met lui-même tous les ans la main à la charrue.

En France , les préjugés qui obfcurcissoient la raison , et qui étouffoient les lumières du bon sens , vous avoient pendant plusieurs siècles condamnés à

AVIS d'han Habitantet a dar Labourerien divoarar mœz a beurs Société mignonet ar Gonstitution nevez, etablisset er guer à Voën-gamp.

Breuder a Mignonet,

Er hentan ar profitaplan ac ar noplan dimez ar fquienchou à exercet ; gonit à Labourat an douar. Dar fquient fe, en comançamant ar bed è consacret anteriou ; hénoret evoa meurbet, ac hirié hoas, en henor dar Labourerien prim a squintet, é teu eur bopl ar muan ancien, meulab dré, é vertuiou ar dré furnez é lesennou, da zevel mercou dispar a pompus. An impalaër memeus dimez ar bopl-se, a d'en bep bloas da laquaet é dorn voar an halaër, evit en henorit mui eus mui.

En Franç ar raison tenfvoallaet, ar sclerigen mouguet dré ar fals-opinion en pad cals a amser, en defoa barnet ar squient - se da goeach ebars an

vivre dens l'avilissement et dans le mé-
pris. Ce qu'on appelloit les deux premiers ordres de l'état, le haut clergé
et la noblesse, du sein de leur oisi-
veté superbe, osoient insulter à vos
travaux ; ils vous regardoient comme
leurs esclaves, ils avoient rejeté sur
vous presque tout le fardeau des sub-
sides ; vous étiez soumis au paiement
du franc-fief, de la taille ordinaire et
extraordinaire ; tous les ans l'on vous
condamnoit pendant plusieurs semaines
à ferrer de grandes routes sur les-
quelles vous marchiez le plus ordinai-
rement les pieds nuds ; le tirage du
sort vous enlevoit ce que vous aviez de
plus cher, vos enfans et vos domesti-
ques.

Ces abus, ce despotisme n'existent
plus ; la justice et l'égalité ont repris
leurs droits, les choses sont rentrées
dans l'ordre, et un nouveau monde
vient de naître pour les françois.

Nos représentans à l'assemblée nationale, ont ouvert le code de la na-
ture, ils y ont lu, que nous avons
un père commun, une même origine,
que nous sommes tous frères et ci-

(5)

disprisanç ac ar stad ar muan dister;
dimés a guement-se evoa quiriec an
dud pinvizic dimés an ilis ac an noblanç, péré a greis o didalvoudéguez
pompus a disprisé o labour, evel
sclaved evoch dirach o danu-lagat,
voarnoch o defoa tolet quasi an ol
boués dimés an truajou, péan a rech
ar franc-fief, an taillou ordinal ac
extraordinal, tremen a rech bep bloas
calz a suniou évit dressan an inchou
bras, voar béré an darn vuan dimez
an amser, n'ah guerzech nemert o
treid en noas. Dré nerz e tenet dimez
o trivach ar pez o poa a vuan caret,
o pugale, o servigerien, dré an den-
nadur dimez a ford.

An disurgeou-se ar mestroniageou-se
n'ho deus quen a lech; al léaldet ac
an ingalder o deus ad - qnemeret o
droujou. Peptra a so renget hervé an
eurz naturel, ac a greis an denfvoaligen
a so sortiet, en loden vras, eur bed
nevé.

On Breuder péré on represant e bars
an assemblé général, o deus lavaret:

toyens d'un mêmeempire, que l'homme
enfin est tout par lui-même.

Ces principes éternels d'équité ont
été développés par eux , ils sont aujourd'hui la base de notre constitution.

Les titres de comtes et de marquis,
ces écussons , ces armoiries, qui flat-
toient la vanité des grands , ont aussi-
tôt disparu ; les françois , rangés au
niveau , ont repris les noms de leurs
pères , ils ne reconnoissent plus d'autres distinctions , d'autre noblesse,
que celle du mérite , des vertus et des
talens.

L'égalité s'est établie dans la répar-
tion des impôts, on les a soumis aux
règles d'une juste proportion , et chaque citoyen sans distinction de rang,
les paye et y contribue , à raison de son
aisance et de ses facultés ; bientôt même ces impôts ne s'étendront plus
sur les choses que l'usage et l'habi-
tude nous ont rendues nécessaires ,
telles que les boissons et le tabac.

bugaléz e homp dimez eur mémés
tad , dimez eur mémés mammen e
homp sortiset , ol e homp Breuder ,
bourhigen , habitantet e homp ol dimez
eur mémés rouantélés , dré zé ansavomp
pénos an den a gav en nan e unan
quement a hel da hoantaët.

Evel lesennou o deus , dré o sclerigen , fontet ar principo se a léaldet
peré a bado da virviquen , a hané o
deus tenet ordrenanson evit a nation entier.

Querquenteo disparisset , an tin-
tro a gomt ac a varquis , an ar-
moriou ar squoëjou merquou péré a
baré orgouil ar penou bras dimez ar
rouantelés , renquet voar ar memeus
linen , ar bopl dimez a Franç en deus
at-quemeret an anoyou dimez o zado ,
na deu quen da anaveout distinction
na differance a bed na quen noblanç
nemert an hini a so diaséet voar ar
    tuiou an donézonou ar squient ac
    talanchou.
Ebars an ingail dimez an truajou e
renn breman al lealdet , en ingail
just a deu don sujan ol , a pep den

Frères et amis, nos représentans, ne se sont pas bornés à la réforme de ces premiers objets, leurs vues bienfaisantes, se sont encore fixées sur cette multitude de tribunaux qui existoient pour le malheur des campagnes; ils ont terrassé la chicane; et ces procureurs-fiscaux, ces praticiens voraces, qui n'avoient, comme on l'a dit, que l'instinct du loup, la ruse du renard, et le crassement du corbeau, privés à jamais de leur état, ne pourront plus exercer leur brigandage. Sur les ruines de ces jurisdictions subalternes, se sont élevés des tribunaux de district, composés de magistrats que vous avez nommés vous-même, et que vous aurez la liberté de renommer ou de changer tous les six ans; ils prononceront gratuitement sur vos affaires les plus importantes; et quant aux petits diffé-

ep differanç a reng , a deu do féan a da contribuin pep hini hervé e binvidiguez ac e chevanç ac en ber amser nevon quet diaséct an truajou voar dréou dent da véan nescesser dré an acustumanç , de laret co en efag ac ar butun.

Quemense , nen deo hoas Breuder a mignonet nemet-ar homançamant dimeza labourion on breuder enassemblé national , o squient , sclerigennet en deus groet dezé teuler o daou lagat voar an nombr bras dimez ar jurisdic- tiono peré a so bet quiriec da guement a valheur a hirrioud ac a anquen voar ar mez displantet à deus ar chicanerés , ac ar procuroret fiscal, ac ar scrivagnerien connaret en péré ne voëlet nemert con— noramant ar bléidi , finesséo al louarn , ac ar moëjou dimez ar brini privet evit biquen dimez o stat ancien na hal- louint quen contenti nac exerci o laë— ronciou. An tribunaliou a zistrict a so enum zavet voar ad distrug dimez ar jurisdictiono inferior, ac a so composet a varnerien pere o heus choaset chui ohunan, péré a hellet da chang pé da continuin bep chuech vla. Evit netra

rens que vous pourriez avoir , vous
avez dans vos cantons , à la proximité
de vos demeures , des juges de paix
qui sont aussi de votre choix , et dont
les fonctions sont de terminer prompt-
tement et sans frais , tous les procès
de peu de conséquence.

Vos recteurs , vos curés à portion
congrues , ces hommes utiles qui sup-
portoient tout le poids du travail, lan-
guissoient dans le besoin , tandis qu'ils
avoient à peine de quoi vivre , de ri-
ches é-êques , d'opulens bénéficiers ,
d'inutiles chanoines, insultoient par
leur faste à la misère publique , ils
prodiguoient dans des plaisirs de toutes
espèces et dans un luxe révoltant, un
patrimoine sur lequel les conciles et
les pères de l'église, leur prescrivoient
de ne prendre que le simple nécessaire ,
pour distribuer le surplus en aumônes ,
et le répandre dans le sein des pauvres.

La nation indignée , de l'usage scan-
daleux qu'ils faisoient , de ces biens ,
s'en est emparée pour payer la dette
de l'état , et dans la place de ces
mêmes biens , dont ils faisoient un si

e varnouint och afferiou a re vrassan ,
ac evit prononç voar o tabujou par-
ticulier voar och afferiou a neubet a
boüés , o heus en o cantoniou en o toés
barnerien a beuch , péré o heus ivé
choaset , peré o parnou prim ac eb
frejou.

O pastoret o pelcyen pensionet , tud
quen nescessair peré a blegué dindan
ar bech dimez à labour, a voa bevet en
creix an nescessité, a boan o defoa pea-
dra da vévan, ac esquibien, abbadet ,
chaloniet diboan lun a vado an ilis ,
peré no defoa goneet enep feçon , d'ré
o ré vras disping a disprisé ar glahar ,
ar vizer re anaveet en toez ar bopl ,
o impliant in plijaduerou a bep sort
spes , o tismant en vaniteo a ré dis-
prisaplan , mado peré na defoant da
implian nemert evit quavet o magadurez
ac o esomo ebquen , hervé ol lezennou
an ilis ac an tado santet , evit rei ar
rest en aluzon da re ar muan ezomus.

An nation gant despet o voelet o exem-
plo fal ac an implig scandulus pehini a
rent dimez ar mado sé e deus o hemeret
evit pean ar glé , dimez ar rouantelés ,
an en lech ar mad osé à béré o deus

mauvais usage, si contraire à leur salut, on leur a fait un traitement honnête, on leur a donné des pensions qui sont plus que suffisantes, pour entretenir les ministres d'un dieu qui naquit dans une étable, et qui, pendant sa vie, a dit à ses disciples, et leur a répété, qu'ils ne devoient laisser après eux qu'un linceuil pour les ensevelir.

Frères et amis, cette révolution, ces changemens ont dû sans doute exciter les cris de tous ceux qui par l'abus du pouvoir, s'étoient crus pétris d'un autre limon que nous.

Les ci-devant comtes et marquis, les prélats crossés, se sont agités, et se tourmentent encore de mille manières, pour tâcher de nous faire retomber dans les fers que nous avons brisés ; les uns ont quitté leur pays, et se sont réfugiés chez nos voisins ; ils y travaillent à vouloir soulever contre nous les puissances étrangères ; ils sollicitent l'angleterre, l'empire, la sardaigne, à porter le fer et le feu,

groët eun implig quen fal eun implig
quen contrel do silvidignez, e deus roet
dezé un traitamant honest, reit àso desé
pensiono peré à so en tual da suffisant
evit magan ministret eun doué ganet
en heur chraou dister pehini a brese-
gué dé disquibien, n'a lezet o coudé
nemert eun nincel evit o lienny.

An disurs pretandet ar chanjamanchou
man, breuder a mignonet, an deus oc-
casionet cals a glemmou a beurs à ré
péré o devoa credet, dré an usag fal
o deus groët dimez o velly , evoant
guinidic dimez eun douar disanval dimez on hinny.

A ré a hanvet goezal comtet a mar-
quigen, ac ar breladet gant o distinc-
tiono o deus cals a cen meur a feçon finvet
evit on angagin da goëan e bars a cha-
dennou peré on deus toret ; darn o
deus coüitaet o bro ac aso e neum den-
net en toés on amezeien ac enon a labour evit revoltin à enep dimp ar
stadou estranjour , alyan a reont on
enep bro-zoz, stadou an impalaeëra cal sa
vroyou al , evit digas en on chreis an
houarn ac an tan goudé bean on dilezet.

dans le sein de la patrie qu'ils ont abandonnée.

Les autres, c'est-à-dire, les prélats, d'intelligence avec ces transfuges, cherchent à souffler parmi nous le feu du fanatisme et de la guerre civile, ils écrivent, ils prêchent, que la religion est perdue, que l'assemblée nationale veut détruire le culte de nos pères ; des prêtres égoïstes et hypocrites faignent de les croire, et repétent les mêmes discours ; mais suivez de près tous ces fourbes, et vous verrez que c'est l'ambition, l'intérêt, et surtout la vanité, qui les porte à déclamer contre une constitution qui doit faire la gloire et le bonheur de la france.

Les décrets de l'assemblée nationale, les loix qu'elle a publiées sur l'organisation civile du clergé, ne portent aucune atteinte à la sainteté de notre religion, au contraire, elles ramenent cette religion à sa pureté primitive, à son ancienne splendeur.

Darn al , da laret eo cals a breladet
a unan gantez, a glasq hoëzan en on
toues an tan dimez ar fals-inspiratio-
nou ac ar brezel en diabars ar rouantelez , presech , scrivan a reont eo
collet a religion , penos evanq den
assemblé général distrugy lezen a feis
on tadou ; beleyen arpet voar eur
sclerigen meur bed tenfal ac hipocrite
a ro da gredin penos o deus feis en
quement se , ac a deu da at-laret
er memeus comsou ; mes heuillets a
dost an affronterieu-se , ac e voelfet
scler eo an interest an ambition ac
ar vanité perè o hondu , o clasq ober
disprisan lezennou perè a reyou ar
gloir, ar vat ac ar bonheur a rouantelez franç.

En nep feçon nen deo attaquet dré
décréjou an assemblé national, evit
ar pez a sell a dud a ilis, ar santeles
dimez a religion er hontrel , digaç a
ra ac religion dé nettoni a dé lufr
quentan.

Sous l'ancien régime , les rois ou plutôt des courtisannes , telles que les Pompadour , les Dubaril, les Polignac , toutes ces femmes sans pudeur , avoient la feuille des bénéfices et nommoient aux évêchés ; les évêques nommés par elles , donnoient aussi à la protection et à la naissance, toutes les meilleures paroisses ; jettez encore les yeux sur les cures qui dans chaque diocèse sont les plus lucratives, et vous les verrez toutes, ou presque toutes, occupées par des ci-devant nobles.

Comme le mérite et les talens n'étoient par eux-mêmes comptés pour rien , les prêtres les plus dignes du caractère dont ils étoient revêtus , vicarioient pendant leur vie , ou recevoient sur la fin de leurs jours , quelques chétives et misérables paroisses.

Nos représentans à l'assemblée nationale , se sont justement élevés contre ces désordres ; d'abord comme il y avoit trop d'évêchés , ils en ont supprimés quelques-uns ; ils ont ensuite décrétés que le peuple qui avoit nommés ses juges et ses représentans, nommeroit aussi ses évêques et ses recteurs. Le roi a approuvé et adopté cette ré-

En pad al lezen ancien, arrouanez, pe evit laret goüel, gouisy, al lès, groaguès a merhet ar vez dimez an natur, a hanvé dan ol benefico, d'an escoptio, ac an esquibien hanvet drézé, a presanté yve, dré brotection dré faveur, da heur guinidic nobl ar goellan paroujou ; teullet hoas o tao-lagat voar ac pinfiguan paroujou dimez an escoptiou, ol e hint dalhet dré veleyen goëzal nobl.

Ar squient ac an talanchou ne voan contet evit netra, ar veleyen a muan dign dimez o haracter, a labouré en pad o bué, ac ar pez a hellent da dapout, en o hosny, e voa an dis-teran paroujou.

An dizurjo - se an deus revoltet on breuder dimez an assemblé national ; re a voa a escoptiou, retranchet e deus cals a nezé, goudé bean décretet e téfloa ar bopl henvel ar varnerien ar re adlé monete vidomp dar stadou gene-ral, o deus ive décretet e tlefoa er me-meus popl henvel e esquibien e basto-ret ; ar roué en deus adoptet, meulet,

forme ; mais les évêques , les prélats , ceux surtout quiregorgeoient de biens , et qui avoient malgré les conciles accumulé sur leur tête une multitude de bénéfices , se sont d'abord roidis contre cette organisation civile du clergé ; leurs yeux fascinés par l'intérêt, n'ont vu dans une réforme salutaire, qu'impiété, hérésie et sacrilège ; ils ont refusé un serment que nous avons tous prêté , celui de maintenir la constitution , et d'être fidèle à la nation , à loi et au roi : pour engager les prêtres des villes et des campagnes à refuser aussi ce serment, et à se révolter contre la loi, ils ont eu recours aux ruses de l'intrigue, à l'imposture, à la bassesse ; ils ont rédigé des protestations incendiaires ; ils ont fabriqué de fausses bulles du pape ; ils ont colporté et fait circuler ces pièces ; ils ont écrit des lettres particulières , pour inviter les prêtres à ne point prêter le serment que l'on exigeoit d'eux, c'est-à-dire , à ne pas permettre que des évêques et des chanoines, qui avoient quarante ou cinquante mille livres par an à dépenser , fussent réduits à un re-

a réforme-se, mes an esquibien, ar
breladet peré an de foa re a vado,
peré, a henep al lezennou dimez an ilis
o defoa bergnet voar o fen cals a vene-
fico, a so deut da neum reudy enep al
lezen prononset evit an dut a ilis ; o
daou-lagat chalmet dré an interest no
deus goüelet en heur reform quen mad
ne mert dispiisanç evit ar feis, hugue-
nodag a sacrilag, reüset o deus eur lez
pehiny o deus groet ol da laret eo difen lezen nevez ar rouantelez, da vean
leal dan nation dal lezen a dar roué,
evit angagin ar veleyen dimez a guer
a divoar ar mez da reüs ar sermant-se
a de neum revolty ; clasquet o deus
evit se an ol fineséo, an dromplerez,
groët o deus scrouijou leun a brotesta-
tionou, capabl da lisquin ar rouantelez,
fabriquet o deus bulio faux a beurs
ar pap, casset a digasset o deus an ol
effego-se, scrivet o deus, lizerou par-
ticulier evit difen ar veleyen da brestan
al leis a houlenner digante ; na bermet-
tet quet e teuffe esquibien, chaloniet
peré o defoa daou-ugant anter cant mil
livr da dispign dre vloas, da vean re-
duiset da jouissan ebquen dimez a zaou-

venu annuel de douze ou quinze mille livres ; car ces princes de l'église ne s'imaginent pas qu'il soit possible de vivre apostoliquement avec un traitement aussi modique ; et quoique Saint Pierre, dont ils se disent les successeurs, allât à pied et couchât sur la terre, il leur faut des carosses, des laquais, des palais magnifiques, des tables somptueuses ; il faut que l'or et la soie brillent autour d'eux dans ce monde pour être sauvés dans l'autre.

Quelques prêtres imbéciles ou abusés, quelques ecclésiastiques lâches rempans, ont eu la foiblesse de croire ces prélats, et de répéter après eux qu'ils ne pouvoient en conscience jurer de maintenir une constitution qui rappelloit les membres des autels à la simplicité des beaux jours de l'église ; mais les véritables prêtres, ceux qui sont pénétrés des sublimes vérités de la morale, ceux qui adorent Dieu de cœur et d'esprit, ceux qui lui rendent de purs hommages, ont tous prêté ce serment, ils ont applaudi à une réforme que l'on peut appeler évangélique.

zec pe a bemzec mil livr leuvé. Rac
ar brincet-se dimez an ilis na hellont
quet compren co possub bevan en guis
an ebestel gant eur fomm quen dister
herve o santimant ; couscoudé, sant
paër, dimez a behini e neum hanvont
successoret a valce voar e droad ; mes
hint a renq cavet carozou, liquigen,
palejou a re superpan , tolliou meurbet dispignus , an aour ar sey a renq
steredennan luguerny voar o zro er bed
man evit cavet ar barados ar bed-al.

Beleyen sempl a speret, pe dromplet,
tud a ilis digalou a soupl en deus bet ar
simpladures da gridin ar breladet-se a
da lavaret o goudé na hellen quet en
consciane ober a lez da difien ar gonstitution nevez a franç , pehiny quous-
coudé a digas ministret an auter dar
simplicité a reyné en pad an deyo caëran
dimez an ilis. Mes ar guir dud a ilis ,
o halon leun dimez a virioneo , ar bin-
vidignez-cristen , ar re a veul doué a
speret ac a galon , ar re a rent dean me-
lodiou pur a nœt, o deus prestet ar
sermant o deus recevet eur réform
pehini a zo meurbet conform ac hanval
ous speret an aviel.

Frères et amis, suivez les conseils de ces bons, de ces honnêtes ecclésiastiques, mais fermez l'oreille aux propos insidieux des autres prêtres qui se sont montrés réfractaires à la loi ; ils voudroient vous engager, vous précipiter dans des factions dangereuses ; ne les écoutez pas ; continuez comme vous l'avez fait jusqu'ici de vivre en paix sous vos toîts rustiques ; travaillez, cultivez l'héritage de vos pères, et que les intérêts de quelques prélats orgueilleux, de quelques prêtres abusés ou fanatiques, ne troublent pas votre repos ; soyez sûr que tout ce qu'ils vous suggèrent, et que tout ce que vous débitent les ci-devant nobles, sur la révolution actuelle, sur tous les changemens qui s'opèrent, sont autant de mensonges et d'impostures ; ils vous disent que la religion est perdue ; cela est faux ; ils savent eux-mêmes que l'assemblée nationale n'a travaillé qu'à la rendre plus respectable dans son culte ; ils vous disent que vous allez être écrasé sous le poids des impôts ; cela est encore faux ; vous paierez sans doute des impôts, l'état

Breuder a mignonet heuillet quele-
nadurès ar veleyen vat ac honest, mes,
na chelaouet enep feçon finesseo ar re
no deus quet e neum sujet da lezen ; o
hegarin a vang dezé, o precipitan en
complojou risclus, bevet en peuch evel
mo heus groèt beté vreman, labouret,
goneet an heritag dimez o tadou, dis-
priset interéts ar breladet, leun a vanité, ar veleyen surprenet disquientet ;
quement a hellont da laret dach voar
suget ar gonstitution, dimez an dud a
ilis, quercouls ac ar re avo anobl diaguent
nen deo nemert guevier a tromplerez.
Laret a reont eo collet ar feis ar religion,
quellies a haou ; ansav a reont, och-
unan penos en assemblé national ne
deus labouret, nemert evit renti ar
religion muoh respetapl en e cérémo-
niou ac en e fureté. Laret a reont
dach a veet flastret dindan ar boés
dimeus an truajou péan a reet eb doutans
truajou, mes gant justice vouint diaséet,
gout a réfet och implig, mardeu breman
ar boés da vean poagnus, na dréet en
tamal nemert da eur gouarnamant dispignus ep raison, pehini a distrugé a
rouigné ar bopl ep rein dean vat a bed.

sans eux , ne pourroit se soutenir ;
mais ils seront également répartis , et
vous en connoîtrez l'emploi : si dans
ce moment le fardeau vous en parois-
soit plus pesant , ce n'est qu'une suite
du mauvais régime de cette administration prodigue et désordonnée , qui
ruinoit les peuples sans leur être utile.

Grâces à l'administration sage et
paternelle qui vient d'être établie , à
cette administration que vous avez
confiée vous-mêmes à des hommes de
votre choix , le vide sera bientôt rem-
pli , et de jour en jour vous verrez
le poids de ces impôts diminuer.

Enfin , si dans tout ce que vous
voyez , si dans tout ce que vous en-
tendez , quelque chose vous embarasse,
si vous avlez quelques inquiétudes ,
quelques soucis , venez en ville ; au
lieu de ces hommes , qui jadis vous
rébutoient , vous y trouverez de véritables patriotes , une société des amis
de la constitution ; société qui est ap-
prouvée et autorisée par les décrets de
l'assemblée nationale. Cette société qui
n'est animée que du bien de ses conci-
toyens , se propose d'éclaircir vos dou-

Dré furnez an administration leun
a garanté pebini en deus ordrennet
on breuder en assemblé national fized
en tud peré o heus choaset, ar pes a
dlé ar rouantelez a veopéet an ber
amser ac eh ansafet penos eo scanvoh
ar boés a nean.

Anfin, mar eoch direpos a trubuillet
voar ar pes a voelet ac a glevet deut
en guer, enon e queffet guir vignonet
dimez a lezen nevez, peré no deus
quen hoant nemert procurin ar vat
ar bonheur dimeus o breuder, peré
o sclerigennou voar o doutanso a
difficulteo, quellies goeg o peo hoant
da houllen cusuil digant mignonet ar
gonstitution nevez pere a zo etablisset
an guengamp, autoriset a beurs an
assemblé national, gant fianç deut do
havout, gant plijadur e scuillouint en
toës o. breuder an ol sicouriou peré

tes, de résoudre vos difficultés ; et toutes les fois que vous voudrez la venir con-
sulter, elle vous offre les secours de
ses lumières.

Fait en société à guingamp, le 5
mars 1791.

ROBINET, *Président.*

Le Bouetté, *Secrétaire* ; Bidard,
Secrétaire.

a alyon deze o squient ac o sclerigen.

Great en hon toüez en Guengamp,
ar pempet a vis meurs 1791.

ROBINET, *Présidan.*

BOUETTÉ, *Secreter*; BIDARD,
Secreter.